Send

Love

to You

寄出愛情

Send

Love

to You

寄出愛情

費南多 圖

格林文化
www.grimmpress.com.tw

❝ 沒有你的早晨
就像是黯淡的黎明。❞

我想到愛情，想到你，我的心就變得
充實而溫暖，呼吸都靜止了⋯⋯
感覺到陽光偷偷溜進我的靈魂，
讓整個夏天、每一根刺都變成一朵玫瑰。

Emily Dickinson

除非愛過，否則任何男人
或女人都無法成為自己。

愛情先於生命，後於死亡，
是創造的初始，是呼吸的代表。

所愛之人不會死去，
因為愛是永恆的。

希望是長著羽毛的東西，棲息在靈魂
裡──唱著無詞的曲調──永不停歇！

" 以防萬一你愚蠢的忘記；
我從未不想你。 "

我到處都能看見你，
在星空、河流中，對我來說，
你是存在的一切；一切的現實。

Virginia Woolf.

親密關係是一門高難度藝術。
是一種親密感，一種精神上的柔韌，
當心靈永遠印在心靈。

我一直在思考詩、小說和你。

不用著急。無需閃耀。
不需要成為任何人，只要成為自己。

儘管鎖上你的圖書館；你無法為我心靈的
自由設置任何門、鎖或門閂。

書籍是心靈的鏡子。

“ 我們都是愛情裡的傻瓜！„

也許正是我們的不完美
使我們彼此如此完美。

Jane Austen

審視自己的內心，
因為向外看的人會做夢，
向內看的人會醒來。

我們的傷痕讓我們知道
我們的過去是真實的。

我從不半心半意的愛別人，
這不是我的本性。

我徒勞掙扎。這樣做不行。
我的感情不會被壓抑。你必須允許我
告訴你，我有多熱切欽佩和愛你。

多蘿西帕克 DOROTHY PARKER

**66 愛情就像手中的水銀。
把手指張開,就會留下來。
抓住它,就會飛奔而去。99**

當你發誓你是他的,顫抖著嘆息。
他發誓他的熱情是無限的、永恆的。
女士請注意這一點──
你們其中一個在撒謊。

Dorothy Parker

女士,女士,永遠不要談論燒傷
你臉頰的淚水,流淚永遠不會
贏得他,只會表明你害怕失去。

如果愛情是盲目的,
為什麼性感內衣如此受歡迎?

生活是一首華麗的循環歌曲,
是即興演奏的混合曲,
愛情是永遠不會出錯的東西。

**❝ 我們必須前進，努力，
為夢想向前奔跑；沒有夢想的
貧瘠生活是難以想像的！❞**

我們多麼需要另一個靈魂來依附，
另一個身體來溫暖我們。休息和信任；
讓你的靈魂充滿信心：我需要這個，
我需要有人來傾注我的全部心血。

Sylvia Plath

我必須從你那裡拿回我的靈魂；
如果沒有它，我就會殺死我的肉體。

我曾幻想你會如你所言回來，
但我已老，忘了你的名字。
我想我在腦海裡虛構了你。

為春天乾杯；終身；為了成長的靈魂。

我們應該在來世相遇，
我們應該在空氣中相遇，我和你。

MARY 瑪麗雪萊 SHELLEY

❝ 生活並快樂，
讓別人也快樂！ ❞

我的靈魂裡有某種
我無法理解的東西在運作。

Mary W. Shelley

如果我不能激發愛，就會引發恐懼！

我要把我的想法寫在紙上，這是真的；
但那並不是交流感情的好媒介。我渴望
有個人能同情我，用眼睛回應我。

當女孩第一次發現自己有能力影響
他人的命運，無論是幸福或痛苦時，
她都會有種奇怪的感覺。她就像
第一次拿著仙女棒的魔術師，
卻尚未體驗到它的威力。

瑪格麗特・米切爾
MITCHELL
MARGARET

" 有些錯誤太有趣了，
不值得只犯一次！"

你應該被懂得如何親吻的人親吻。

她的雙唇貼在他的嘴唇，
比她結巴的話語
更能向他傳達心聲。

Margaret Mitchell

好吧，親愛的，振作起來。有一天，
我會親吻你，你會喜歡的。但現在
還不行，我懇求你不要太急躁。

他們久久、靜靜的對視著對方眼睛，
他們之間有著過往不經意間
共享的陽光般逝去的青春。

辛波絲卡
WISLAWA
SZYMBORSKA

❝ 每個開始畢竟都只是續篇，
而充滿情節的書本總是
從一半開始看起。❞

你可以在最不顯眼的物體中
發現整個宇宙。

Vinann Sumboney

這樣的確定性是美麗的，
但不確定性更美麗。我就是我。
這是一個同樣令人難以想像的巧合。

我不知道我扮演的是什麼角色。
我只知道它是我，不可兌換。

沒有哪一天能複製昨天，
也沒有哪兩個夜晚能以完全相同的方式、
完全相同的吻教我們什麼是幸福。

當它到來時，你會夢見你不需要呼吸；
那種令人窒息的沉默是黑暗的音樂，
像火花一樣消失的節奏的一部分。

瑪麗蓮夢露 MONROE

MARILYN

❝ 誰說夜晚是用來睡覺的？❞

我們都是星星，我們值得閃爍。

如果你能讓女孩笑，
你就能讓她做任何事。

Marilyn Monroe

我從來沒欺騙過任何人。我讓人們
自己欺騙自己。他們沒有費心去了解
我是誰、我是做什麼的。相反，
他們會為我創造一個角色。我不會和他們
爭論。顯然，他們愛的不是我。

獨自一人不開心總比
和某人在一起不開心要好。

很多時候只要和某人在一起就夠了。
我不需要觸摸，甚至不說話。你們
之間傳遞一種感覺，你並不孤單。

❝ 優雅是唯一
永不褪色的美！❞

要擁有美麗的嘴唇,
就說美麗的話。想要擁有美麗的眼睛,
觀察別人,發現他們身上的優點。

我喜歡那些讓我開懷大笑的人。
我確實認為笑是我最喜歡的事。
它可以治癒多種疾病。
這可能是一個人最重要的東西。

你的心碎了,就是這樣。
但你不能評斷或指責。你只需要夠幸運,
就能找到欣賞你的人。

我曾經聽過一個定義:
幸福就是健康和短暫的記憶!
我希望這是我發明的,因為非常真實。

❝ 愛情不是要求占有，
而是給予自由！❞

愛情是一個無盡的謎，
因為沒有其他東西可以解釋。

Rabindranath Tagore

愛情即使說出口，仍是個秘密，因為只有
真正的愛人才真正知道自己被愛。

行善之人敲門，而愛之人
發現門是敞開的。

讓這句話成為我最後一句話：
我相信祢的愛。

你的愛讓我漂浮不定，但仍是
我靈魂的錨……我真的無法用語言
來形容我覺得有多浪漫。
你的愛讓我繼續前行，
也是讓我靠近你的支柱。我喜歡它！

PABLO 聶魯達 NERUDA

❝ 愛情太短，遺忘太長。❞

你可以剪掉所有的花，
但你無法阻止春天到來。

Pablo Neruda

我愛你，不知道如何愛你，何時愛你，
從何而來。我簡單的愛你，沒有問題
或驕傲：我以這種方式愛你，
因為我不知道還有其他哪種愛的方式，
在這種方式中沒有我或你，如此親密，
所以你放在我胸口的手就是我的手，
如此親密，所以當我睡著時
你的眼睛會閉上。

感受到我們所愛之人的愛是
滋養我們生命的火焰。

你睜大的雙眼是我在熄滅的星座中
見到的唯一光芒。

CHARLES 波特萊爾 BAUDELAIRE

❝什麼是愛？
需要走出自我！❞

警惕愛情中一切矛盾。
簡單可以拯救人，簡單可以帶來幸福……
愛就應該只是愛。

Ch. Baudelaire

教會無法消除愛情，因此找到
淨化愛情的方法，那就是建立婚姻。

在這種孤獨的恐懼中，
這種需要失去外在肉體的自我，
人類稱之為對愛的需要。

當歌手把手放在心上時，
通常意味著我會永遠愛你！

追求幸福的習慣方式有多少種，
美就有多少種。

"有時候一朵玫瑰
比一片麵包更重要！"

愛情的最高形式是成為
另一個人孤獨的保護者。

Rainer Maria Rilke

這是真正相愛的人身上總會發生的奇蹟：
給予的越多，擁有的也越多。

我很高興你在這裡。這讓我意識到
我的世界多麼美麗。

一旦認識到，即使最親密的人與人
之間也存在無限的距離，
如果他們能夠熱愛彼此之間的距離，
能夠在天空的映襯下看到對方的完整，
那麼美好的並肩生活就會成長起來。

愛情就是兩個孤獨的人互相保護、
互相觸碰、互相問候。

> **我因為貧窮，只有夢想；
> 我將夢想鋪在你腳下；
> 請輕輕踩，
> 因為你踩的是我的夢想！**

如果我說的話引起你的共鳴，
那只是因為我們是同一棵樹上的樹枝。

酒從口中入，愛從眼中入；
在我們變老和死去前，
這就是我們所知道的全部真相。

讓我們繼續前進，說故事的人，
抓住內心渴望的任何獵物，不要害怕。
一切都存在，一切都真實，
地球只不過是我們腳下的一點塵土。

真正的愛情是一門學科，
所有人在其中了解對方的秘密自我，
並拒絕相信單純的日常自我。

T.S. 艾略特 ELIOT

> **❝ 我們無法向從未經歷激情的人解釋激情，就像我們無法向盲人解釋光明一樣！❞**

奇怪的是，言語是如此不足。
然而，就像氣喘患者掙扎呼吸一樣，
戀人也必須掙扎尋找言語。

T. S. Eliot

腳步聲在記憶中迴響，沿著我們
沒走過的通道，走向我們從未打開過
的門，走進玫瑰園。

當此時此地不再重要時，
愛情最接近本身。

對於那些不懂愛情的人來說，
愛情迫使他們變得殘忍。

MARK 馬克吐溫 TWAIN

❝ 當你追逐愛情時，要用心去誘餌，而不是用大腦！❞

生命短暫，打破規則。快速原諒，
慢慢親吻。真心相愛。放聲大笑，
永遠不要後悔任何讓你微笑的事。

Mark Twain

愛情不是推理和統計的產物。
它就這樣出現了──沒人知道它
從何而來──並且無法解釋自己。

別叫醒陷入愛情的女人。讓她做夢吧，
這樣當她回到痛苦的現實時就不會哭泣

愛是瘋狂的，一旦受到挫敗，
就會發展很快。

愛情看似來最快，但成長卻最慢。

悲傷可以自己解決，但要充分享受快樂，
必須有人與你分享。

WILLIAM 毛姆 MAUGHAM

> **總有一個人愛著另一個人，
> 總有一個人讓自己被愛。
> 重要的是愛而不是被愛！**

今年的我們和去年的我們不同；
我們所愛的人也不同。如果我們在改變的
同時，繼續愛著一個改變了的人，
那將是個幸福的機會。

W. Somerset Maugham

愛情是彼此不認識的男女之間的事。

女人可以原諒男人對她造成的
傷害……但她永遠無法原諒他為
別人所做的犧牲。

女人常會以為男人對她們的愛
比實際上瘋狂得多。

BERNARD 蕭伯納 SHAW

> **❝ 人生不過兩場悲劇。
> 一是得不到自己內心的渴望；
> 另一個就是得到它。❞**

初戀只是一點點愚蠢和很多好奇。

G Bernard Shaw

檢驗一個男人或女人的教養，
就是看他們在爭吵中如何表現。

沒有哪個話題比婚姻
更能引起荒唐言論和思考。

當你愛我時，我給了你整個太陽和星星讓你玩。我只在一瞬間賦予你永恆，
在你一臂之力中賦予你山岳之力，
在你靈魂的一次衝動中賦予你海洋之量。

愛情是一個人與其他人之間
差異的極大誇大。

楚門柯波帝 TRUMAN CAPOTE

> **大腦也許能接受建議，但心卻不能，而愛沒有地理位置，沒有邊界：無論它有多重，有多深，都會浮出水面：這又有何不可呢？**

任何存在於人性中的愛都是
自然而美好的；只有偽君子才會要求
一個人對自己所愛之物負責，只有情感上
無知的人和正義嫉妒者才會這樣做，
他們焦躁不安，常常把指向天堂的箭
誤認為是通往地獄的。

Truman Capote

愛是愛的鏈條，
正如自然是生命的鏈條。

他愛她，他愛她，在他愛上她之前，
她從不介意孤獨。

如果你讓自己愛上一個不羈的人。
你最終會仰望天空。

OSCAR 王爾德 WILDE

"永遠不要愛上那些
把你當普通人對待的人!"

女人生來就是為了被愛,
而不是被理解。

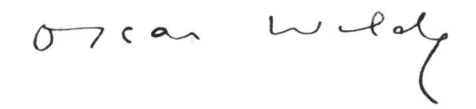

將愛留在心中。沒有愛的生活就像
沒有陽光的花園,花兒都死了。

浪漫的本質就是不確定性。

世界上沒有什麼比已婚女人的忠誠
更偉大。這是已婚男人都不知道的事。

每一次愛都是一個人唯一一次愛過。

男人可以和任何女人幸福快樂,
只要他不愛她。

愛自己是終生浪漫的開始。

ALBERT 卡繆 CAMUS

❝ 美麗令人難以承受,令我們絕望,它讓我們在一分鐘內瞥見永恆,而我們卻希望它能延續到整個時間。❞

無論表面上看起來如何,
我的主要職業一直是愛。

Albert Camus

愛的行為是一種懺悔。
自私自利會大聲叫喊,虛榮會炫耀,
或是真正的慷慨會顯露出來。

我一生中至少懷過一段偉大愛情,
而我始終是這段愛情的對象。

確實,男人從來不懂得如何去愛。
沒有什麼能讓他們滿意。他們只知道
作夢、想像新的責任、尋找新的國家
和新的家園。而女人知道我們必須
趕緊去愛,要同床共枕,要手牽手,
要害怕分離。當女人戀愛時,
我們不再有其他夢想。

米蘭昆德拉 MILAN KUNDERA

❝當心在訴說時，理智會覺得反對是不合時宜的！❞

愛情從一個比喻開始。也就是說，
當女人在我們的詩意記憶中
說第一個字時，愛情就開始了。

Milan Kundera

我不贊成把幸福強加於人。
每個人都有權利喝劣質酒，
做蠢事，弄髒指甲。

愛情的情感給我們所有人
一種了解對方的錯覺。

你無法透過兩個人溝通的話語數量
來衡量他們之間的感情。

也許我們無法去愛，是因為渴望被愛，
也就是說，我們渴望從伴侶那裡
得到某種東西──愛，而不是無償
把自己交給他，只要求陪伴。

聖修伯里
ANTOINE DE SAINT-EXUPERY

❝ 愛情不是彼此凝視，
而是一起眺望同一個方向！❞

現在這是我的秘密，一個非常簡單
的秘密；只有用心才看得清，
重要的東西用眼睛是看不見的。

Antoine de Saint-Exupéry

告訴我誰愛你，我就能告訴你你是誰。

真愛是取之不盡的；付出越多，
擁有越多。如果你去真正的源頭汲水，
汲取的水越多，水流就越豐富。

真正的愛從不求回報開始。

因為你在你的玫瑰上付出時間，
才讓你的玫瑰變得如此重要。

那些只愛愛情的人
永遠不會體會到獲得愛情的喜悅。

MARCEL 普鲁斯特 PROUST

> **❝ 不必等待生命。
> 別人尋求它。要時時意識到，
> 奇蹟就在這裡、當下。❞**

如果做一點夢是危險的，
那麼解決的方法不是少做夢，
而是多做夢，一直做夢。

Marcel Proust

在分離時，沒有愛的人
才會說更溫柔的話語。

就像所有沒有戀愛過的人一樣，
他認為一個人經過深思熟慮後，會根據
特定的特質或優勢來選擇所愛的人。

恆星宇宙並不難理解，但其他人的
真實行為，尤其是我們所愛的人的
真實行為卻很難理解。

FRANCIS 費茲傑羅 FITZGERALD

❝ 我其實沒有戀愛，
但我感到一種溫柔的好奇！❞

世上有各種各樣的愛，
但永遠不會有兩次相同的愛。

F. Scott Fitzgerald

我愛她，這是一切的開始和結束。

無論多少火焰或新鮮感
都無法挑戰一個人在他幽靈般的
心裡儲存的東西。

這也許是世上最美好的感覺。

我喜歡晚上入睡時，想像自己
將會做哪些奇怪而美妙的夢，
然而我總是盡可能延長睡眠時間，
僅僅是聽著未婚夫的呼吸聲和感覺
他擁抱著我，我就感到無比快樂。
當你愛上這些小東西時，
你就會知道你是真正戀愛了。

GUSTAVE 福樓拜 FLAUBERT

> **愛情是一株春天的植物,
> 它用希望為萬物帶來芬芳,
> 甚至為它所依附的廢墟
> 也帶來芬芳。**

女人的心就像那些小家具,
裡面藏有秘密,每個抽屜裡都裝著秘密;
你費盡心機,指甲折斷,
然後在底部發現枯萎的花,
幾粒灰塵——或者空虛!

人們不該向蘋果樹要橘子、
向法國要陽光、向女人要愛情、
向生活要幸福。

冬日的陽光對你來說
是否也同樣令人悲傷?當夜晚有霧時,
我獨自在外面散步,我感覺到雨水
穿過我的心,崩塌成廢墟。

MURAKAMI 村上春樹 HARUKI

"有時候改變的不是人，
而是面具掉了！"

趁時間還沒用完，趕快說出來。
趁還來得及，趕緊說出來。
說出你的感受。等待是一個錯誤。

村上春樹

把錢花在能買到的東西上。
把時間花在金錢買不到的東西上。

打開你的心。你不是囚犯。
你是一隻飛翔的鳥，在天空中尋找夢想。

如果你知道明天可能就
再也看不到了，一切都會突然
變得特別、珍貴，不是嗎？

一顆心與另一顆心不能單靠
和諧來連結。他們透過彼此的傷口
深深連結在一起。

CHARLIE 卓別林 CHAPLIN

> **❝ 沒有笑聲的一天
> 是浪費的一天。❞**

如果你低頭看，永遠找不到彩虹⋯⋯

Charlie Chaplin

你的赤裸身體只該屬於那些
愛上你赤裸靈魂的人。

完美的愛情是所有挫折中最美麗的，
因為它超越人們所能表達的範圍。

心與腦，真是個謎。

我們想太多，感覺的太少。
除了機械，我們更需要人性。
除了聰明，我們更需要善良和溫柔。
如果沒有這些特質，生活將會充滿暴力，
一切都會失去。

我總是喜歡在雨中行走，
這樣就沒有人能看到我哭。

WILLIAM 莎士比亞
SHAKESPEARE

> **愛情是一縷由嘆息
> 產生的煙霧。**

愛情不是用眼睛去看，
而是用心靈去看，
因此有翅膀的丘比特被畫成盲人。

William Shakspear

不表露愛意的人就不是愛人。
真愛之路從來都不是一帆風順。
愛是一種熟稔。愛情是魔鬼。
沒有邪惡的天使，只有愛。

別把你的愛浪費在一個
不珍惜的人身上。

旅程以戀人的相遇而結束。

如果音樂是愛情的食糧，那就演奏吧。

愛情不會問我任何問題，
而會給我無盡支持。

國家圖書館出版品預行編目（CIP）資料

寄出愛情 / 名人名言文；費南多(Fernando Vicente)圖；郝廣才譯寫. -- 初版. -- 臺北市：格林文化事業股份有限公司, 2025.06
　面；　公分
ISBN 978-626-7724-11-8(平裝)

1.CST: 戀愛 2.CST: 格言

544.37　　　　　　　　　　　　　　　　114006223

創意系列
寄出愛情

文／名人名言　圖／費南多
譯寫／郝廣才

責任編輯／何俊宏
美術編輯／林蔚婷

出版發行／格林文化事業股份有限公司
地址／臺北市新生南路二段 2 號 3 樓
電話／(02) 2351-7251　傳真／(02) 2351-7244
網址／www.grimmpress.com.tw
讀者服務信箱 E-mail／grimm_service@grimmpress.com.tw
ISBN／978-626-7724-11-8
2025 年 6 月初版 1 刷